GÜNTER BEER · PATRIK JAROS

POSTRES

GÜNTER BEER · PATRIK JAROS

POSTRES
Recetas para preparar y saborear todos los días

Copyright© Parragon Books Ltd

LOVE FOOD es un sello editorial de Parragon Books Ltd

LOVE FOOD y el logotipo correspondiente son una marca registrada de Parragon Books Ltd en Australia, Reino Unido, Estados Unidos, India y la Unión Europea

Idea: Patrik Jaros & Günter Beer

El índice visual es un diseño de Buenavista Studio s.l. registrado en la Oficina Europea de Marcas con el número 000252796-001.

Recetas y estilismo culinario: Patrik Jaros | www.foodlook.com • Fotografías: Günter Beer | www.beerfoto.com • Textos: Günter Beer, Gerhard von Richthofen, Patrik Jaros, Jörg Zipprick • Ayudantes de fotografía: Sigurd Buchberger, Aranxa Alvarez • Ayudantes culinarios: Magnus Thelen, Johannes von Bemberg • Diseñado por Estudio Merino | www.estudiomerino.com • Producido por Buenavista Studio s.l. | www.buenavistastudio.com • Créditos fotográficos: Todas las fotografías son de Günter Beer (Barcelona)

Todos los derechos reservados. Ninguna parte de esta obra puede ser reproducida, almacenada o transmitida de forma o medio alguno, sea este electrónico, mecánico, por fotocopia, grabación o cualquier otro, sin la previa autorización escrita de los titulares de los derechos.

Copyright © (2012) de la edición en español:

Parragon Books Ltd
Queen Street House
4 Queen Street
Bath BA1 1HE, Reino Unido

Traducción del alemán: Pepa Cornejo Parriego para LocTeam, Barcelona
Redacción y maquetación de la edición en español: LocTeam, Barcelona

ISBN 978-1-4454-6858-7
Impreso en China • Printed in China

Nota para el lector:

Todas las cucharadas utilizadas como unidad son rasas: una cucharadita equivale a 5 ml y una cucharada a 15 ml. Si no se indica lo contrario, la leche que se utiliza en las recetas es entera; los huevos y las hortalizas, como por ejemplo las patatas, son de tamaño mediano, y la pimienta es negra y recién molida.

Los tiempos de preparación y cocción de las recetas son aproximados, ya que pueden variar en función de las técnicas empleadas por cada persona y según el tipo de horno o fogón utilizados.

Las recetas que incluyen huevos crudos o poco hechos, pescado crudo o marisco no son recomendables para niños, ancianos, embarazadas, personas convalecientes o enfermas. Se aconseja a las mujeres embarazadas o lactantes no consumir cacahuetes ni derivados. Algunos de los productos ya preparados de las recetas pueden contener frutos secos, algo que deben tener en cuenta las personas alérgicas a estos alimentos. Consulte siempre las indicaciones del envase antes de usarlo.

Los restos de la comida se deben guardar siempre en la nevera y antes de consumirlos examinar cuidadosamente si son aprovechables. Nunca se deben tratar de aprovechar los alimentos estropeados. Todas las recetas de este libro han sido revisadas, cocinadas y probadas con esmero.

El español tiene tal diversidad y riqueza que la editorial ha decidido emplear el lenguaje más neutro posible con el fin de ser comprendido por el mayor número de lectores. Cuando el término empleado difiere enormemente según la región, se incluyen sinónimos en la lista de ingredientes.

tabla **de** equivalencias

Las equivalencias exactas de la siguiente tabla han sido redondeadas por conveniencia.

medidas de líquidos/sólidos

sistema imperial (EE.UU.)	sistema métrico
1/4 cucharadita	1,25 mililitros
1/2 cucharadita	2,5 mililitros
3/4 cucharadita	4 mililitros
1 cucharadita	5 mililitros
1 cucharada (3 cucharaditas)	15 mililitros
1 onza (de líquido)	30 mililitros
1/4 taza	60 mililitros
1/3 taza	80 mililitros
1/2 taza	120 mililitros
1 taza	240 mililitros
1 pinta (2 tazas)	480 mililitros
1 cuarto de galón (4 tazas)	950 mililitros
1 galón (4 cuartos)	3,84 litros
1 onza (de sólido)	28 gramos
1 libra	454 gramos
2,2 libras	1 kilogramo

temperatura del horno

Fahrenheit	Celsius	gas
225	110	1/4
250	120	1/2
275	140	1
300	150	2
325	160	3
350	180	4
375	190	5
400	200	6
425	220	7
450	230	8
475	240	9

longitud

sistema imperial (EE.UU.)	sistema métrico
1/8 pulgada	3 milímetros
1/4 pulgada	6 milímetros
1/2 pulgada	1,25 centímetros
1 pulgada	2,5 centímetros

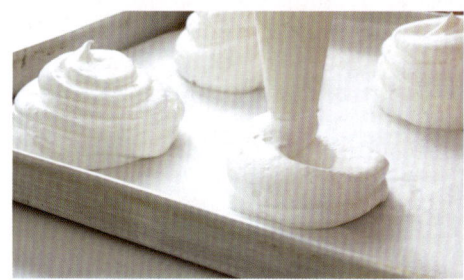

Índice

6 Introducción

8 Recetas básicas

14 Postres y pasteles cremosos

50 Postres con frutas

58 Galletas y pastelitos

64 Índice alfabético

Introducción

Los postres son la guinda a una buena comida y dejan en los comensales una agradable sensación satisfactoria. El mundo de los postres es muy variopinto: desde refrescantes platos con frutas hasta delicias al horno pasando por exquisiteces con nata y crema que deleitarán cualquier paladar. Como el postre constituye el último plato de un menú, conviene elegirlo con cuidado, ya que se trata de la «impresión final» de la comida que se llevan a casa sus invitados. Por eso resulta también importante que se adapte en lo posible al menú. Si se presta atención a unos cuantos aspectos, nada impedirá disfrutar del postre. Después de platos muy pesados, debería servir un ligero postre basado en frutas a fin de no sobrecargar a sus invitados. Si los platos anteriores no son muy copiosos, no tema obsequiarles con un postre suculento. En los meses más calurosos del año, los basados en frutas o los helados son una buena y agradable forma de refrescar los paladares. Durante el otoño o el invierno, los exuberantes postres calientes representan una grata fuente de calor. Si su menú se inspira en la cocina de un país determinado (como Francia o Italia), o en la del continente asiático, adapte el postre de igual modo. Así, un menú francés debería incluir un postre francés, quizá una *Salsa de vino* (véase pág. 44) o *Melocotones gratinados a la lavanda* (véase pág. 52). Si disfrutamos de una comida italiana, se prestan, entre otros, un sabayón (véase pág. 38) o una panacota (véase pág. 30). Un *Pudin de tapioca y coco* (véase pág. 48), *Rollitos de primavera con relleno de cerezas* (véase pág. 50) o *Fideos transparentes fritos con puré de fresas* (véase pág. 54) resultan opciones adecuadas para poner fin a una comida asiática. Los postres basados en frutas pueden acompañar casi cualquier menú y son extremadamente variados. Aderécelos con frutas exóticas, frutas secas, delicadas salsas dulces (encontrará una selección en las páginas 12-13), nueces o licores, y combínelos con cualquier comida imaginable. Si desea utilizar frutas, sobre todo si se trata de frutas del bosque, emplee en la medida de lo posible productos de temporada y de la comarca, ya que estos son mucho más aromáticos que la mercancía importada. Recurra también a las frutas congeladas que, por lo general, se han recogido en la misma estación. Tenga en cuenta asimismo que cuanta más calidad tengan los ingredientes que se emplean en la elaboración, más delicioso será el plato terminado.

Chocolate

Los postres de chocolate son los preferidos no solo de los niños, sino también de los mayores. A fin de poder disfrutar plenamente de su sabor, elija siempre un chocolate de gran calidad. En caso de que utilice chocolate negro (por ejemplo, para la mousse de la pág. 20), opte si es posible por uno que contenga un 70 % de cacao. Pese a ser más caro que otros productos con un contenido menor de cacao, este chocolate es mucho más rico y confiere al postre un aroma incomparable. El blanco no es, en el sentido estricto, chocolate auténtico, puesto que no tiene cacao sino manteca de cacao. Si va a emplearlo como ingrediente, asegúrese (por ejemplo, en la preparación de la *Mousse de chocolate blanco con sirope de arce* de la pág. 22) de usar una variedad con un alto contenido de manteca de cacao. En caso de postres con cacao en polvo (como el *Tiramisú* de la pág. 24), debe emplearse un producto sin azúcar ni grasa. El cacao en polvo no puede de ningún modo sustituirse por el utilizado en bebidas, ya que este no tiene el contenido de cacao necesario y, además, está demasiado azucarado.

Decoración

En ningún otro plato del menú la decoración resulta tan importante como en el postre. Deje volar su fantasía. La decoración con frutas –en especial, las frutas del bosque–, es hermosa. Las flores confitadas, por ejemplo, las violetas, las rosas o los pensamientos convierten un sencillo postre en una pequeña obra de arte. Algunos postres resultan tan atractivos visualmente que una decoración opulenta sería excesiva y únicamente conseguiría distraernos. Tan solo espolvoree el dulce con azúcar o cacao en polvo o decórelo con hierbas frescas, como hojitas de melisa o menta. Los adornos no solo resultan bonitos, sino que le confieren al postre un aroma adicional, como las nueces tostadas y picadas, las virutas o raspas de chocolate y la corteza de los cítricos. De igual modo, las salsas dulces mejoran estos platos, ya que les añaden otras tonalidades de color. Además, la salsa adecuada puede completar el sabor de un postre. Por ello, la *Crema bávara* (véase pág. 42) suele servirse con una salsa afrutada. Otros, como el mantecado, se acompañan con una o dos galletas o bizcochos horneados que usted mismo puede elaborar.

Accesorios

Para preparar los distintos postres no es imprescindible adquirir utensilios de cocina caros, pero sí es cierto que algunos le facilitan el trabajo sobremanera. Es muy importante, pues, invertir en un buen peso de cocina, ya que, cuando se trata de postres, hay que ajustarse con la mayor exactitud posible a las cantidades especificadas en la lista de ingredientes. Asimismo, un buen mezclador de mano hace que el trabajo sea más sencillo. Son necesarias unas varillas, a ser posible de bola, para la preparación de cremas y salsas espumosas elaboradas al baño María. Los moldes antiadherentes evitan que el postre se pegue en el horno o que se rompa. Con una manga pastelera y una boquilla recambiable es posible dibujar los adornos más hermosos en tartas, cremas y mantecados en menos que canta un gallo.

Cómo interpretar este libro de cocina

Salvo que se indique lo contrario, las cantidades especificadas en las recetas están pensadas para 4 personas.

Grado de dificultad: los asteriscos indican el grado de dificultad: uno, si la receta es sencilla; dos, si tiene dificultad media, y tres si es complicada.

Tiempo de elaboración: la cifra que aparece en la esquina inferior izquierda de la página indica el tiempo de preparación aproximado en minutos.

Sugerencias: aquí encontrará cómo complementar o modificar las recetas, consejos de uso o las posibles combinaciones con otros platos.

 8 huevos

120 g de azúcar

una pizca de sal

60 g de harina (tipo 405)

40 g de maicena

Masa de bizcocho

1. Separe las claras de las yemas, disponga las yemas en un bol y reserve 4 claras. Añada 60 g de azúcar a las yemas.

2. Bata durante 5 minutos la yema y el azúcar hasta que la masa adquiera una tonalidad amarilla y sea espumosa.

3. Bata lentamente las 4 claras con la sal en otro bol. Incorpore poco a poco el azúcar restante y siga batiendo hasta que estén a punto de nieve. Con un robot de cocina bátalo primero a velocidad media y, luego, el último medio minuto a velocidad máxima. A continuación, incorpore las claras a punto de nieve a las yemas y con una espátula revuelva con cuidado.

4. Espolvoree la harina y la maicena por encima de la masa con un colador fino. De este modo, el bizcocho no tendrá grumos.

5. Después, remueva con cuidado la masa con la espátula, procurando no golpear el borde del recipiente, ya que de lo contrario la masa de bizcocho «se asustaría» y no se esponjaría lo suficiente. Debe tener mucho aire para que el bizcocho quede bien esponjoso.

6. Disponga la masa en una bandeja de aproximadamente 30 x 40 cm forrada con papel parafinado y extiéndala bien. Deje que se cueza en el horno precalentado a 190 ºC unos 10 minutos. Luego, saque la bandeja y deje que se enfríe un poco.

■ Si desea preparar un bizcocho de chocolate, añada a la masa 20 g de cacao en polvo, a ser posible sin grasa. Después, hornéelo tal y como se indica en la receta. El bizcocho de chocolate resulta exquisito servido como un brazo de gitano relleno de cerezas y mermelada de cerezas.

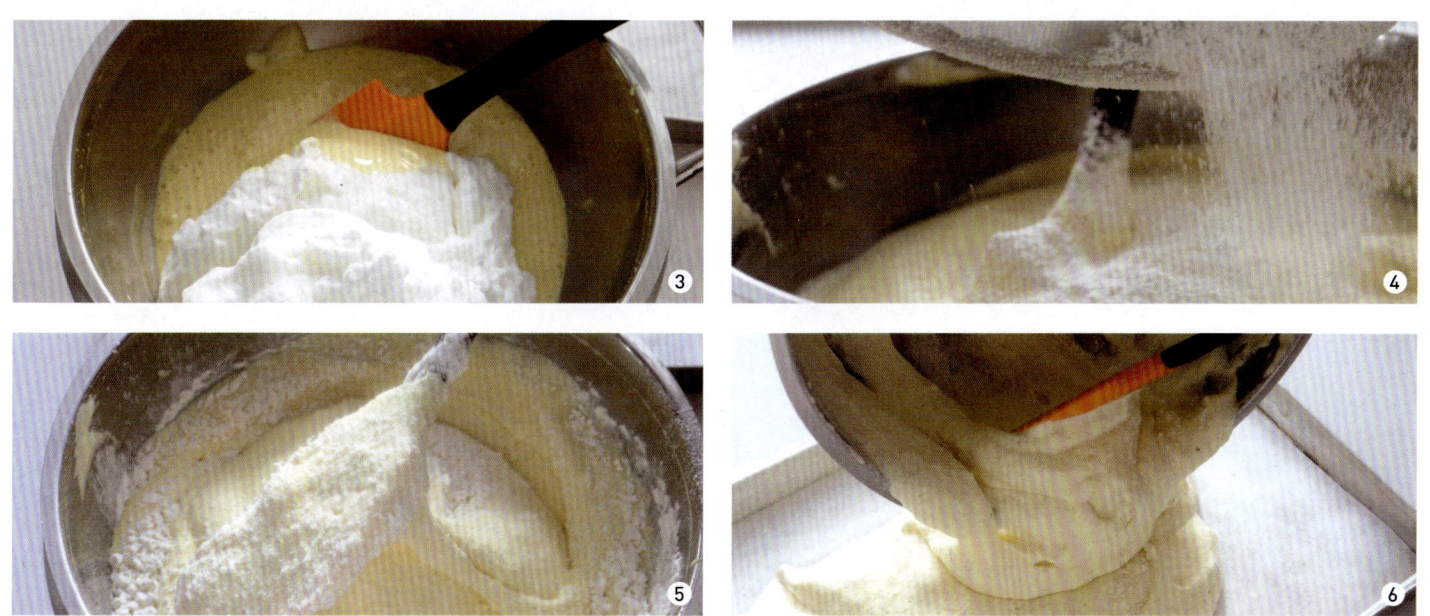

400 g de harina

 200 g de mantequilla (manteca) fría en dados

 100 g de azúcar

 una pizca de sal

 2 huevos

Pastaflora dulce

1. Disponga la harina junto con la mantequilla, el azúcar y la sal en una encimera.

2. Con las manos amase brevemente la mantequilla con la harina. Si se amasa durante más tiempo del necesario, la mantequilla se calentaría demasiado y la masa podría romperse más tarde.

3. Añada luego un huevo y una yema, y mézclelos. Guarde la clara restante en el frigorífico para usarla más tarde.

4. Amase bien hasta obtener una consistencia uniforme y suave.

Envuélvala en film transparente y déjala reposar al menos 1 hora en el frigorífico. Luego, empléela a su gusto.

Se obtiene una masa de 750 g.

■ Sustituya un cuarto de la harina por almendras molidas. Luego, prepare la pastaflora tal y como se describe en la receta para elaborar galletas o pastitas de té y hornéelas hasta que se doren.

Recetas básicas

Crema de vainilla

Corte **1 vaina de vainilla** por la mitad a lo largo y rasque la pulpa con ayuda de un cuchillo. Disponga la pulpa y la vaina de vainilla en una cazuela con **250 ml de leche** y llévelo todo a ebullición. Entretanto, separe las claras de las yemas de **6 huevos**, mezcle las yemas con **50 g de azúcar** y bátalas a punto de espuma. Hierva agua en una cacerola. Tan pronto como la leche cueza, cuélala a fin de que no queden restos de la vaina en la crema. Vierta lentamente la leche caliente sobre la espuma de huevo y azúcar sin dejar de remover. Caliente la mezcla al baño María preparado con antelación y líguela (véase pág. 42). Luego remuévala al baño María en frío hasta que se enfríe.

✳ Truco de la abuela: Si la crema se calienta demasiado, se cuaja. En ese caso, pásela por un colador fino. Mezcle 1 cucharada de maicena y 2 cucharadas de leche y con las varillas bátalo junto con la crema de vainilla caliente. Cuézalo una vez más y la crema volverá a tener una textura cremosa como la nata.

Crema de chocolate

En una cazuela lleve lentamente a ebullición **125 ml de leche**, **100 ml de nata (crema)** y **½ vaina de vainilla** a la que le haya raspado la pulpa. Con un cuchillo corte en trocitos **100 g de chocolate negro (chocolate amargo)** y **50 g de chocolate con leche** y añádalos a la leche. Con unas varillas, mézclelo despacio hasta que se funda el chocolate. Luego, retire la cazuela del fuego. Retire la vaina de vainilla y agregue **10 ml de coñac, 20 g de azúcar** y **40 ml de aceite vegetal**. A continuación, cuele la crema con un colador y sírvala a ser posible a temperatura ambiente.

■ Utilice aceite de avellanas en lugar de cualquier otro aceite vegetal.

Crema de caramelo

Disponga **50 g de azúcar** y **100 ml de agua** en un cazo pequeño. Déjelo cocer a fuego lento hasta que el azúcar se dore y caramelice. Después, vierta **50 ml de agua** a fin de que el azúcar no se tueste más. De nuevo déjelo cocer a fuego lento hasta que el agua hierva (unos 5 minutos). Después, añada **250 ml de leche**. Corte **1 vaina de vainilla** a lo largo y rasque la pulpa con un cuchillo. Agregue la vaina y la pulpa a la leche y llévelo todo a ebullición en una cazuela. Entretanto, separe las claras de las yemas de **6 huevos**, mezcle las yemas con **30 g de azúcar** y remuévalo a punto de espuma. Lleve a ebullición un cazo con agua. Tan pronto como la leche hierva, cuélala a fin de que no se formen grumos en la salsa. Vierta lentamente la leche caliente en la masa de huevo y azúcar sin dejar de remover. Caliente la mezcla en el baño María preparado con antelación y líguela (véase pág. 42). Para finalizar, remuévala al baño María en frío hasta que se enfríe.

Crema de fresa

Lave y limpie **250 g de fresas (frutillas)**. Espolvoréelas con **50 g de azúcar glas** y báñelas con **80 ml de agua mineral**. Con una batidora, tritúrelo todo hasta obtener una fina crema. Por último, cuélela y sírvala.

Crema de albaricoque

Escalde **5 albaricoques (damascos)** durante 10 segundos en agua hirviendo y páselos a agua fría enseguida. Pélelos con un cuchillito, pártalos por la mitad y extraiga el hueso. Disponga la fruta en un bol junto con el **zumo de 1 limón, 50 g de azúcar glas (glacé)** y **80 ml de agua mineral**. Mézclelo todo con una batidora. Por último pase el puré de albaricoque por un colador y aplaste bien la pulpa con una cuchara o espátula.

Crema de kiwi

Pele **4 kiwis** y dispóngalos en un bol con **50 g de azúcar glas** y **80 ml de agua mineral**. Mézclelo todo con una batidora y, por último, cuélelo.

■ El kiwi, al igual que la piña, contiene una enzima que corta la leche.

800 g de requesón (queso blando) descremado

 200 ml de leche

 100 g de nata (crema)

 5 huevos

 1 limón

 50 g de mantequilla (manteca)

 80 g de azúcar avainillado

 90 g de maicena

 una pizca de sal

 120 g de azúcar

 250 g de pastaflora (véase pág. 10)

Tarta de queso

1. Disponga el requesón en un bol y remuévalo bien con la leche y la nata. Separe las claras de las yemas y guarde las claras en un tarro cerrado en el frigorífico. Lave con agua caliente el limón y ralle fina la corteza. Córtelo luego por la mitad y exprímalo. Derrita la mantequilla en un pequeño cazo al fuego o en el microondas.

2. Agregue a la crema de requesón las yemas, la mantequilla derretida, la mitad del azúcar avainillado, el zumo y la ralladura de limón y la maicena. Remuévalo todo con una espátula hasta obtener una mezcla sin grumos.

3. Bata la clara fría con la sal y el azúcar a punto de nieve. Incorpórelo con cuidado a la crema de requesón.

4. Extienda la pastaflora hasta conseguir un grosor de ½ cm y dispóngala sobre un molde desmontable antiadherente. Recorte los bordes que sobresalgan con un cuchillo. Vierta la masa de la tarta de queso y extiéndala de forma homogénea. Introduzca el molde en el horno precalentado a 220 ºC. Pasados unos 5 minutos, sáquelo y corte la masa a lo largo del borde con un cuchillo. Vuelva a introducir la tarta en el horno otros 15 minutos. Extráigala de nuevo, deje que la tarta, que ahora está esponjosa, baje un poco y reduzca la temperatura a 160 ºC. Por último, hornéela 35 minutos más.

5. Saque la tarta y, mientras aún está caliente, espolvoréela con el resto del azúcar avainillado. Deje que se enfríe y retire el molde. Pásela a una bandeja y córtela en porciones.

■ La tarta de queso sabe especialmente rica un poco templada, aunque así es más difícil cortarla: debe hacerlo con especial cuidado para que no se rompa. También es posible añadir 50 g de pasas maceradas en ron al requesón.

Postres y pasteles cremosos

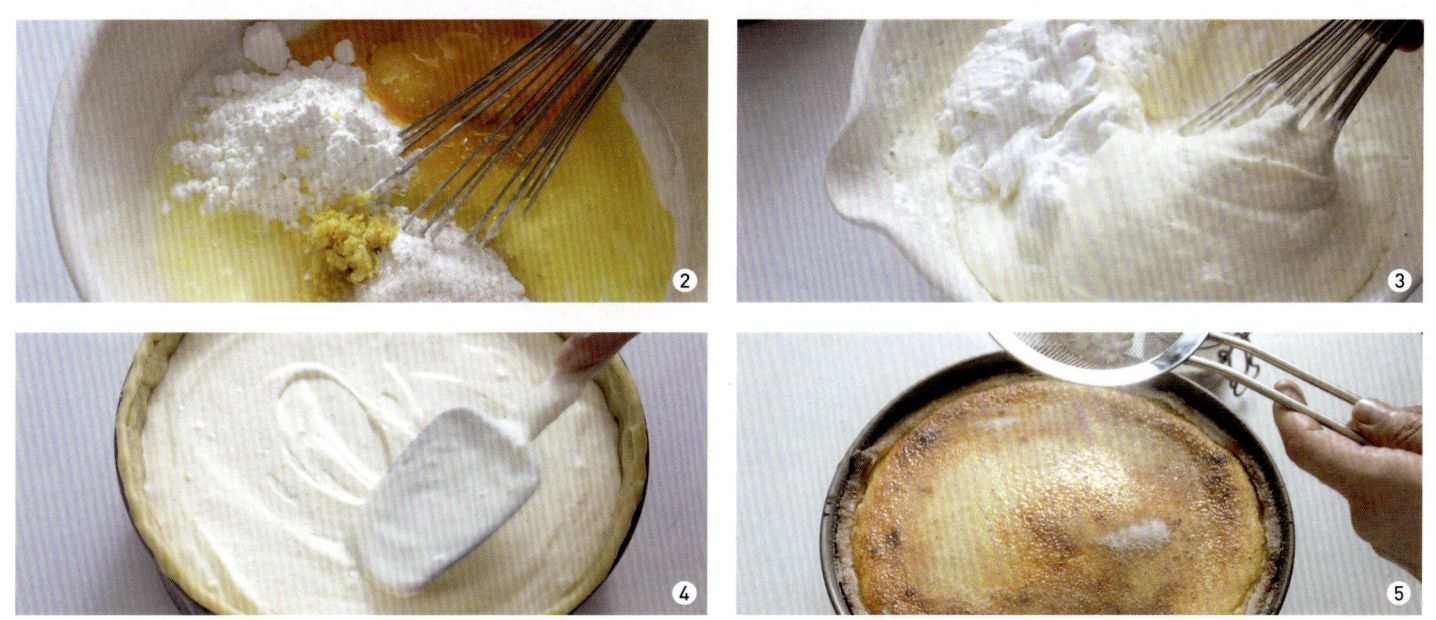

240 g de harina

 ½ l de leche

 3 cucharadas de azúcar

 3 huevos

 150 g de mantequilla (manteca)

 2 cucharadas de aceite

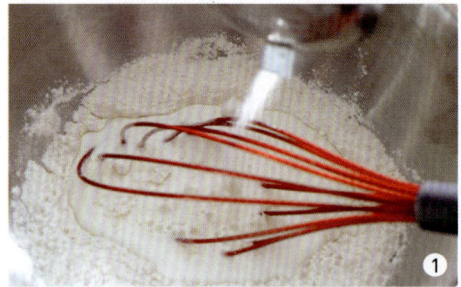

Masa para crepes

1. Disponga la harina en un bol. Agregue la mitad de la leche y del azúcar.

2. Con unas varillas bátalo hasta obtener una mezcla uniforme. Se consiguen mejores resultados cuando la masa queda más bien espesa.

3. Añada la leche restante y los huevos.

4. Caliente la mantequilla en un cazo pequeño el tiempo necesario para que se dore y comience a emanar un aroma a frutos secos.

5. Con la espátula incorpore lentamente la mantequilla tostada a la masa para que quede más suave y sabrosa.

6. En una sartén antiadherente vierta algo de aceite y caliéntelo. Incorpore una porción de masa con un cucharón y extiéndala uniformemente ladeando y girando la sartén.

7. Despegue la masa por los bordes con una espátula y voltee la crep en la sartén. Con cierta práctica no le resultará tan difícil como parece.

8. Después de darle la vuelta, tuéstela brevemente.

Disponga la crep en un plato y déjela enfriar. Repita el proceso hasta terminar la masa.

■ Unte las crepes con mermelada al gusto, enróllelas y espolvoréelas con azúcar glas antes de servirlas. También resultan exquisitas rellenas de requesón con frutas y acompañadas de crema de vainilla.

Postres y pasteles cremosos

 4 huevos

 260 g de azúcar glas (glacé)

 200 g de frambuesas

 200 g de fresas (frutos) del bosque

 ¼ l de nata (crema)

 1 vaina de vainilla

Paulova con frutas del bosque y nata de vainilla

1. Separe las yemas de las claras, vierta las claras frías en un bol y bátalas con las varillas casi a punto de nieve. Añada poco a poco el azúcar y llévelas al punto de nieve.

2. Rellene una manga pastelera con la clara ayudándose de una espátula.

3. Sobre una bandeja cubierta con papel parafinado forme caracoles con la clara. Hornéelos unos 35 minutos a 120 °C. Después, reduzca la temperatura a 60 °C y deje la clara reposar durante 4 horas para que se endurezca.

4. Seleccione la fruta, lávela e introdúzcala en un bol.

5. Con cuidado, abra los caracoles por la mitad con un cuchillo de sierra que corte bien. Rasque la pulpa de la vaina de vainilla e incorpórela a la nata. Monte la nata y repártala sobre las mitades inferiores de los caracoles.

Decore la nata con la fruta, coloque la otra mitad de cada caracol encima y sírvalos.

+ 4 horas de reposo

■ Intente hacer también pequeñas tartaletas de merengue; se endurecen más rápidamente y resultan más adecuadas para servir con el café de la tarde. Prepárelas con antelación, pero no las rellene hasta justo antes de servirlas. En lugar de fruta, también es posible rellenarlas de sorbete de frutas.

150 g de chocolate amargo

 2 huevos

 3 cucharadas de azúcar

 1 cucharada de cacao concentrado sin grasa

 20 ml de coñac

 50 ml de café negro

 una pizca de sal

 200 g de nata (crema)

 4 cucharadas de virutas de chocolate

Mousse de chocolate negro

1. Deje que el chocolate se funda lentamente en un bol al baño María.

2. Separe las claras de las yemas, guarde las claras en el frigorífico y bata las yemas con el azúcar a punto de espuma. Añada el cacao, el coñac y el café a la mezcla de huevo y remuévalo todo.

3. Agregue el chocolate fundido caliente.

4. Remueva hasta que todo esté bien mezclado.

5. Con unas varillas, bata a punto de nieve las claras con una pizca de sal. Después, añada la nata montada y deje enfriar la mousse durante al menos 2 horas.

Sirva la mousse en bolas con una cuchara especial y decórela con virutas de chocolate.

■ En una cazuela lleve a ebullición el zumo de ½ naranja con 1 plátano maduro, 2 trocitos de jengibre escarchado y ½ vaina de vainilla hasta obtener una crema. Agréguela a la mousse de chocolate en una capa intermedia y deje que se enfríe. La combinación de chocolate y plátano es exquisita y convierte esta mousse en un postre aún más delicioso.

Postres y pasteles cremosos

1 bolsa de gelatina en polvo

 700 ml de leche

 100 g de chocolate blanco

 50 ml de sirope (jarabe) de arce

Mousse de chocolate blanco con sirope de arce

1. Disuelva la gelatina en 4 cucharadas de agua fría y déjala reposar 10 minutos.

2. Reserve 2 cucharaditas de la leche y caliente el resto; parta el chocolate en trocitos y disuélvalo en ella.

3. Mezcle bien la gelatina con las 2 cucharaditas de leche caliente; luego, incorpórela a la leche con chocolate y disuélvala del todo sin dejar de remover.

4. Con la ayuda de un embudo, vierta 0,75 l de la mousse de chocolate en un sifón.

5. Agregue el sirope de arce, cierre el sifón y agítelo bien. Deje que se enfríe en el frigorífico en torno a 1 hora.

Para servirlo, reparta dos cucharadas de mousse en cada bol.

■ De este modo es posible preparar una sabrosa mousse con antelación. En el último momento se sirve fresca en copas para que resulte especialmente cremosa y esponjosa. También se puede añadir chocolate negro, crema de chocolate o puré de frutas a la leche. Este último no se debe volver a cocer. Asimismo, la cantidad de gelatina debe aumentarse de acuerdo con la acidez de la fruta, ya que de lo contrario el puré resultaría demasiado líquido.

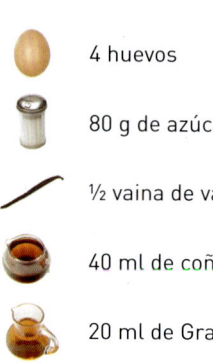

- 4 huevos
- 80 g de azúcar
- ½ vaina de vainilla
- 40 ml de coñac
- 20 ml de Grand Marnier
- 500 g de queso mascarpone
- 150 g de bizcochos
- 200 ml de café negro
- 30 g de cacao en polvo

Tiramisú

1. Separe las yemas de las claras y bata las yemas con el azúcar y la pulpa de la vaina de vainilla hasta que queden a punto de espuma. Guarde las claras en el frigorífico; las utilizará más tarde.

2. Añada el coñac y el Grand Marnier y remueva.

3. Agregue el mascarpone con la ayuda de una espátula y bata toda la masa con unas varillas.

4. A fin de que no se empapen demasiado, sumerja los bizcochos en el café 3 segundos como máximo.

5. Disponga los ingredientes sucesivamente en un fuente honda, comenzando por los bizcochos y siguiendo con la crema de mascarpone. Para finalizar, cúbralo con crema. Déjelo reposar en el frigorífico al menos 1 hora.

Sírvalo espolvoreado con cacao en polvo.

+ 1 hora de refrigerado

40

■ **Truco de la abuela:** Si se forman grumos en la crema, añada algo de leche caliente y remuévala hasta que sea de nuevo homogénea.

1 bizcocho rectangular (véase pág. 8)

 1 cucharada de azúcar

 200 g de fresas (frutillas)

 200 g de mermelada de fresa (frutilla)

Brazo de gitano con fresas

1. Disponga el bizcocho boca abajo sobre un trozo de papel parafinado espolvoreado con azúcar. Retire con cuidado la lámina superior del papel sobre el que ha sido horneado.

2. Enrolle con cuidado el bizcocho y deje que se enfríe. Si se dejara enfriar extendido, el bizcocho se rompería al enrollarlo. Entretanto, limpie las fresas y córtelas en rodajas finas.

3. Desenrolle el bizcocho de nuevo y úntelo con la mermelada de fresa. Distribuya las rodajas de fresas por encima de manera uniforme.

4. Enrolle el bizcocho con ambas manos y presionando ligeramente para que no quede hueco. Cuando haya terminado, deje que el rollo se enfríe durante media hora más; por último, córtelo en rodajas de 3 cm de grosor.

Sírvalo en una fuente y acompáñelo de nata montada al gusto.

■ Para poder despegar bien el papel sobre el que ha sido horneado el bizcocho, dispóngalo boca abajo sobre una superficie y humedezca ligeramente la parte superior.

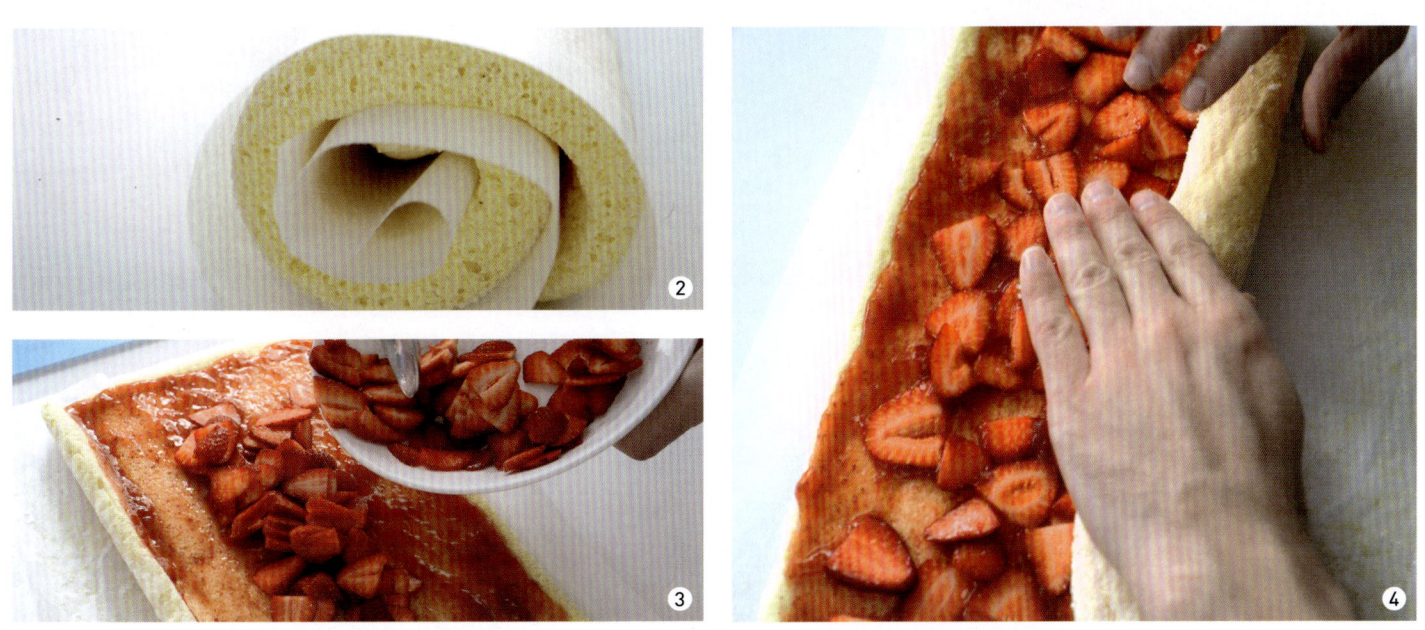

250 ml de leche

 80 g de azúcar

 3 huevos

 20 g de maicena

 30 g de mantequilla (manteca)

 1 vaina de vainilla

 250 g de hojaldre

 200 g de frutas del bosque variadas

 50 ml de agua

 30 g de azúcar

 50 ml de vino blanco

 1,5 hojas de gelatina

 10 g de azúcar glas (glacé)

 1 naranja

Pequeñas tartaletas de fruta

1. Bata el azúcar, la yema de 1 huevo y la maicena con 50 ml de leche. Corte la mantequilla en trocitos y refrigérela. Corte la vaina de vainilla por la mitad y raspe la pulpa con un cuchillo. Lleve a ebullición la pulpa y la vaina de vainilla con el resto de la leche. Por último, cuele la mezcla y vuelva a ponerla al fuego. Poco a poco, agregue a la leche la mezcla de maicena preparada con anterioridad y deje que se espese.

2. Mezcle la mantequilla fría con la crema anterior, cúbrala y deje que se enfríe.

3. Corte el hojaldre en pequeños triángulos, forme rollitos y móntelos tal y como se muestra en la fotografía. Píntelos por completo con la yema de los huevos restantes y con un tenedor realice pequeños orificios en la base de la tartaleta.

4. Hornee las tartaletas de 12 a 15 minutos a una temperatura de 180 °C; luego, deje que se enfríen. Rellénelas con la crema de vainilla hasta llegar justo al borde.

5. A continuación cubra la crema de vainilla con la fruta fresca. Mientras tanto, hierva el agua, el azúcar y el vino. Disuelva en esta mezcla la gelatina remojada previamente y deje que se enfríe. Impregne la fruta con el baño de azúcar para que se mantenga fresca, y para dar un glaseado brillante a las tartaletas.

Para servir, espolvoree las tartaletas con azúcar glas y adórnelas con la corteza de una naranja.

75

■ Puede elaborar las tartaletas con su fruta del bosque favorita. Un buen trozo de hojaldre con crema de vainilla y fresas frescas es un buen sustituto a un pastel.

½ vaina de vainilla

 500 g de nata (crema)

 100 g de azúcar

 1 cucharada de granos de café

 3 hojas de gelatina

Panacota con café

1. Corte la vaina de vainilla por la mitad a lo largo, raspe la pulpa con un cuchillo y agréguela a la nata. Lleve a ebullición la nata con la pulpa de vainilla, el azúcar y los granos de café. Ponga la gelatina en remojo en agua fría unos 10 minutos.

2. Reserve la mezcla de nata cocida. Incorpore la gelatina remojada y, removiéndola con los dedos, disuélvala.

3. Cuele la mezcla de nata en una jarra.

4. Repártala luego en vasos y deje que se enfríe al menos 3 horas, para que la panacota adquiera consistencia. Luego, introduzca brevemente los vasos en agua caliente y vuélquelos sobre un plato para servir.

■ Espolvoree la panacota con galletas de almendras o galletas amaretti y adórnela con cerezas amarenas. Si desea elaborar una panacota más ligera, sustituya la mitad de la nata por leche.

3 huevos

 250 g de azúcar

 1 cucharada de azúcar avainillado

 100 ml de leche

 120 g mantequilla (manteca)

 280 g de harina

 2 cucharaditas de levadura

 una pizca de sal

 1 cucharadita de maicena

 200 g de grosellas rojas

 200 g de arándanos

Pastel de merengue con frutas del bosque

1. Separe las claras de las yemas y bata a punto de espuma las yemas con 150 g de azúcar y el azúcar avainillado en un bol. Ponga las claras a enfriar en el frigorífico. Lleve a ebullición la leche con 100 g de mantequilla; después, agréguela a la espuma de yema y azúcar y remuévalo todo bien.

2. Tamice sobre el bol 250 g de harina y la levadura, y remueva bien hasta conseguir una masa.

3. Unte con el resto de la mantequilla un molde desmontable de 28 cm de diámetro y espolvoréelo con la harina sobrante. Vierta en él la masa y hornéela 18 minutos en el horno precalentado a 180 ºC. Sáquela y deje que se enfríe un poco.

4. Bata las claras con una pizca de sal y el resto del azúcar en un robot de cocina hasta obtener una crema. Agregue la maicena y vuelva a batirla durante 1 minuto o hasta que adquiera el punto de nieve. Agregue la fruta y mézclela con cuidado para no quitar el aire de la crema batida.

5. Distribuya el merengue sobre la base horneada.

6. Esparza la fruta restante por encima del merengue. Precaliente el horno a una temperatura de 220 ºC. De nuevo hornee el pastel 15 minutos en la bandeja intermedia. A continuación, sáquelo del horno y deje que se enfríe.

Por último, córtelo en trozos.

■ Cuando se haya enfriado, cubra 3 cm de la base del pastel con crema de vainilla espesa y láminas de chocolate. Cúbralo con el merengue y hornéelo 5 minutos a 250 ºC. Sáquelo enseguida del horno y sírvalo. Será un postre especialmente suculento y celebrado.

Postres y pasteles cremosos

 5 huevos
 80 g de bizcochos
 30 ml de Grand Marnier
 50 g de mantequilla (manteca)
 1 vaina de vainilla
 30 g de maicena
 200 ml de leche
 120 g de azúcar
una pizca de sal

Suflés de vainilla

1. Separe las claras de las yemas y guarde una clara de huevo en el frigorífico para utilizarla más tarde. Corte los bizcochos en trozos de ½ cm e imprégnelos con el Grand Marnier. Ponga a ablandar a temperatura ambiente 30 g de mantequilla para untar los moldes. Corte la vaina de vainilla por la mitad a lo largo y raspe la pulpa con un cuchillo. Bata la clara a punto de nieve, cúbrala y deje que se enfríe en el frigorífico. Mezcle la maicena con 40 ml de leche fría. Vierta el resto de la leche en un cazo. Agregue la mantequilla restante, 70 g de azúcar, la pulpa de vainilla raspada y la sal, y llévelo todo a ebullición.

2. Unte los moldes de forma homogénea con la mantequilla. Luego, espolvoree algo de azúcar en los moldes y vuélquelos para que caiga el azúcar no adherido.

3. Cuando la leche hierva, baje el fuego y, con unas varillas, no deje de remover durante 2 minutos. La maicena disuelta hará que la leche espese. Cubra la crema resultante con film transparente y deje que se enfríe. Precaliente el horno a una temperatura de 180 °C. Forre una bandeja de horno honda con papel parafinado, vierta en ella dos dedos de agua e introdúzcala en el horno hasta que el agua empiece a hervir. El papel evita que, durante la cocción, se formen burbujas que podrían impedir que los suflés suban.

4. Cuando la crema se haya enfriado, agregue las yemas. Debe estar fría para que no se cuajen. Por último, cuélela para retirar los grumos que impedirían que, tras el horneado, la masa tenga una consistencia esponjosa.

*** 90

■ Antes de ponerla a enfriar, cubra la crema con film transparente para que no se cuaje la superficie.

Postres y pasteles cremosos

5. Con una espátula revuelva con cuidado la clara batida a punto de nieve con la crema de yemas. Hágalo suavemente, para que la crema no pierda su consistencia espumosa. Distribuya los dados de bizcocho marinados sobre los moldes.

6. Con una cuchara reparta la crema sobre los dados de bizcocho. Coloque los pequeños moldes en la bandeja preparada para el baño María y hornéelos 20 minutos a una temperatura de 180 °C. Los suflés estarán listos en cuanto se doren y sobresalgan 2 o 3 cm del borde del molde. No abra en ningún momento el horno porque, de lo contrario, los suflés no subirían lo suficiente. Sírvalos lo antes posible, para que no se bajen. Tenga en cuenta este principio: el invitado espera el suflé, no el suflé al invitado.

50 g de mantequilla (manteca)

 20 g de harina

 1 vaina de vainilla

 80 g de nueces

 20 g de chocolate

 3 huevos

 80 g de azúcar

 200 ml de leche

 20 g azúcar glas (glacé)

Suflés de nueces

1. Ponga a ablandar 30 g de mantequilla a temperatura ambiente y mézclela con la harina en un recipiente hasta que se forme una masa homogénea. Obtendrá así *beurre manié* o mantequilla amasada, que se usa para espesar. Corte la vaina de vainilla por la mitad a lo largo y raspe la pulpa con un cuchillo. Pique las nueces y el chocolate en trozos. Separe las claras de las yemas. Bata las claras a punto de nieve, cúbralas y deje que se enfríen en el frigorífico. Unte los moldes con la mantequilla restante y espolvoréelos de azúcar (véase pág. 34, paso 2).

2. Lleve a ebullición la leche con las nueces picadas, la vaina y la pulpa de vainilla. Cuando hierva, retire la vaina e incorpore la mantequilla amasada.

3. Cuézalo a fuego lento 3 minutos sin dejar de remover hasta que la crema se espese. Luego, cúbrala con film transparente y deje que se enfríe. Mientras tanto, precaliente el horno a 200 °C y prepare un baño María para los moldes. Para ello, forre una bandeja de horno honda con papel parafinado y vierta en ella dos dedos de agua. Cuando la crema alcance la temperatura ambiente, añada y remueva con cuidado las yemas. Saque la clara batida a punto de nieve del frigorífico y, con una espátula, mézclela con cuidado con la crema anterior. Llene los moldes a dos tercios de su capacidad con la masa y hornéelos al baño María 20 minutos a 200 °C hasta que los suflés sobresalgan 2 cm del borde.

Espolvoréelos de inmediato con azúcar glas y sírvalos.

■ A partir de esta receta de suflé se pueden obtener fácilmente muchas variaciones. Tan solo es necesario sustituir las nueces por otros ingredientes, como avellanas, puré de castañas, almendras tostadas o coco rallado. En caso de usar coco, deberá reemplazar el chocolate negro por el blanco, ya que, de lo contrario, el sabor del chocolate negro mataría los demás.

6 huevos

 100 g de azúcar

 200 ml de vino espumoso

 50 ml vino de postre

 ½ limón

 **30**

1. Sabayón caliente

1. Separe las yemas y las claras. Disponga en un bol las yemas con el azúcar, los dos tipos de vino y el zumo del limón.

2. Bata la mezcla al baño María. Asegúrese de batirlo todo bien con unas varillas para que el huevo no se cuaje ni se formen grumos.

3. La masa se volverá cada vez más pálida y espesa, y comenzará a subir.

4. El sabayón estará listo cuando obtenga una consistencia cremosa y brillante.

Por último, páselo de inmediato a vasos y sírvalo.

2. Sabayón de pistachos

Separe las claras de las yemas de **4 huevos**. Bata las yemas con **60 g de azúcar** y **100 ml de vino espumoso** al baño María, del mismo modo que si elaborara un sabayón clásico. Caliente **1 hoja de gelatina** remojada previamente, fúndala y agréguela al sabayón. Remueva la mezcla en un baño María en frío para que se enfríe. Pique **60 g de pistachos** en un robot de cocina hasta obtener trocitos muy pequeños, casi una pasta. Agréguelos al sabayón. Después, bata **100 g de nata** hasta que esté casi montada e incorpórela con cuidado.

Distribuya el sabayón en vasos y sírvalo con frambuesas frescas, sorbete de frambuesa, helado de vainilla o melocotones (duraznos) escalfados.

3. Sabayón de Campari

Separe las claras de las yemas de **4 huevos**. Bata las yemas con **60 g de azúcar** y **80 ml de Campari** al baño María, del mismo modo que si elaborara un sabayón clásico. Ralle un poco de **corteza de naranja** y agregue la ralladura al sabayón. Corte **1 naranja** por la mitad y exprímala. Caliente **1 hoja de gelatina** previamente remojada con el zumo de la naranja, disuélvala y añádala al sabayón. Remuévalo al baño María en frío para que se enfríe. Después, bata **150 g de nata** hasta que esté casi montada e incorpórela con cuidado.

Reparta el sabayón en vasos y sírvalo con fruta cocida al vapor o con helado de pistacho.

150 g de azúcar

 125 ml de agua

 3 huevos

 1 vaina de vainilla

 10 ml de amaretto

 500 g de nata (crema)

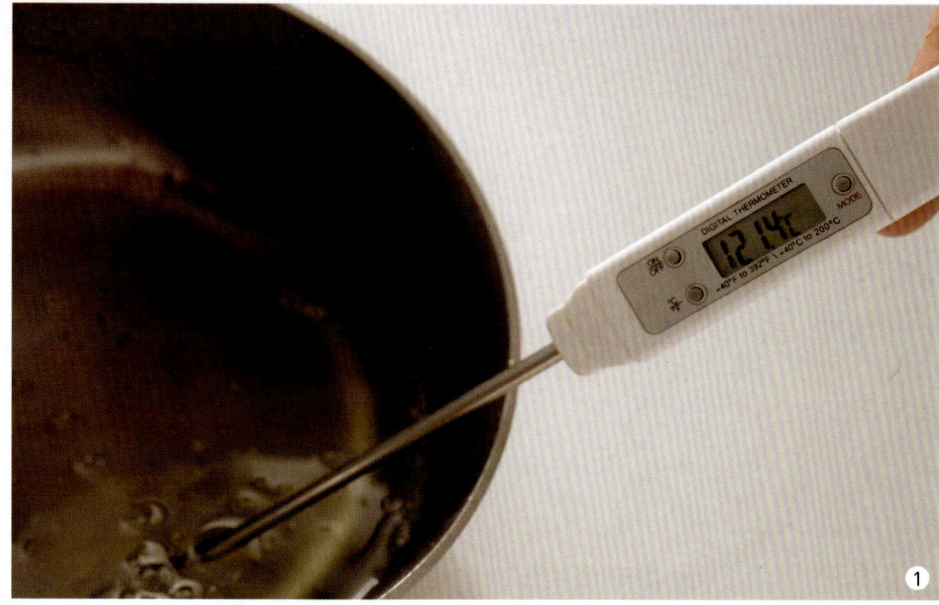

Parfait de vainilla

1. Mezcle el azúcar con el agua y caliéntelo a una temperatura de 121 °C (utilice un termómetro para azúcar).

2. Separe las claras de las yemas y disponga las yemas en un bol. Mezcle poco a poco el almíbar anterior con las yemas. No deje de remover con la espátula para que el huevo no se cuaje.

3. Incorpore la pulpa de vainilla y el amaretto, y bátalos con unas varillas hasta obtener una mezcla cremosa. Remuévalo al baño María en frío hasta que se enfríe.

4. Bata la nata fría hasta casi montarla e incorpore tan solo un tercio con una espátula. A continuación, añada el resto de la nata con cuidado a fin de que el parfait no pierda su consistencia espumosa al remover con fuerza.

5. Transfiera la crema a un molde y déjela en el congelador al menos 6 horas. Para extraer el parfait, pase el molde brevemente bajo el agua caliente del grifo. Con un cuchillo caliente, corte rodajas de 1 cm de grosor y sírvalas. Envuelva el resto en film transparente hasta que vaya a servirlo.

Se pueden obtener variaciones del parfait de vainilla con los siguientes ingredientes:
1. 200 g de puré de fresas (frutillas)
2. 150 g de puré de granadillas
   50 ml de licor de coco
3. 50 g de almendras tostadas
   120 g de cerezas amarenas picadas
   20 ml de licor de cereza
4. 200 g de puré de albaricoque (damasco)
   20 ml de amaretto

+ 6 horas de congelado

40

■ Se puede sorprender asimismo a los invitados con un suflé de helado. Forme un anillo con papel para horno, colóquelo en un molde para suflé y rellénelo con la crema del parfait. Este parecerá un suflé, pero realmente será un helado.

- 5 huevos
- 130 g de azúcar
- ½ l de leche
- 1 vaina de vainilla
- 8 hojas de gelatina
- 400 g de nata (crema)

Crema bávara

1. Separe las claras de las yemas y, con unas varillas, bata las yemas con el azúcar hasta que la mezcla sea casi blanca. Prepare un baño María sobre el fuego.

2. Entretanto, hierva la leche con la vaina y la pulpa de vainilla raspada. Luego, agréguela a la mezcla de huevo y azúcar y remueva con unas varillas.

3. Caliente a fuego lento la mezcla al baño María sin dejar de remover con una cuchara de madera, para que el huevo no se cuaje ni se adhiera a los bordes.

4. Caliente la leche sin dejar de remover hasta que el huevo se espese.

5. Disuelva la gelatina en agua fría y luego mézclela con la crema, que en este punto ya habrá subido. Remuévalo todo al baño María en frío para que se enfríe.

6. Monte la nata y empiece incorporando solo una parte para que la mezcla vaya adquiriendo una consistencia homogénea.

7. Luego añada la nata restante; mueva las varillas como si fueran un cucharón,

+ 3 horas de refrigerado

40

■ Para elaborar una crema de café, cueza 4 tazas de café negro y mézclelo con la crema antes de incorporar la nata. Por último, aumente el número de hojas de gelatinas a 9.

girando toda la muñeca. Pase la crema a cuencos y vasos, cúbralos y deje que se enfríen 3 horas en el frigorífico.

Por último, sirva este postre acompañado de salsa de frutas o fruta fresca.

8 huevos

 200 g de azúcar

 una buena pizca de canela

 800 ml de vino tinto

Salsa de vino

1. Separe las claras de las yemas y disponga las yemas en un bol pequeño de acero inoxidable. Agregue el azúcar y la canela.

2. Incorpore el vino tinto y remuévalo todo con unas varillas. Llene un cazo con 2 cm de agua y póngala a hervir.

3. Coloque el bol en el cazo con el agua hirviendo para que se caliente.

4. Bata la mezcla con firmeza hasta que su volumen haya aumentado el triple y haya adquirido una consistencia muy cremosa. Retire la crema del fuego y repártala en vasos.

Sírvala caliente y espolvoreada con canela.

■ La salsa de vino caliente está deliciosa si se acompaña de peras, melocotones o manzanas al horno. Si sustituye el vino tinto por Prosecco o Marsala, obtendrá un delicioso sabayón.

Postres y pasteles cremosos

 4 huevos

 100 g de azúcar

 una pizca de canela

 400 ml de vino tinto

 2 hojas de gelatina

 300 g de nata (crema)

 8 bizcochos

Crema de vino fría

1. Bata las yemas, el azúcar, la canela y 200 ml de vino como si fuera a preparar una salsa de vino (véase pág. 44). Remoje la gelatina en agua fría 10 minutos; escúrrala y disuélvala en la salsa de vino caliente. Pásela a un bol y deje que se enfríe.

2. Entretanto, cueza 4 cucharadas del resto del vino. Monte la nata.

3. Mezcle con cuidado la nata y la reducción de vino tinto con la salsa de vino fría. La reducción de vino otorga a la crema su color y sabor característicos. Con los dedos parta los bizcochos en trozos y repártalos en vasos. Cúbralos con la crema y deje que se enfríen 1 hora.

Por último, mezcle al gusto algo de la reducción de vino con azúcar y vierta unas gotas sobre la crema de vino.

+ 1 hora de refrigerado

■ Para elaborar una crema de vino fría también se puede usar vino blanco, en cuyo caso deberá emplear vino blanco en la reducción. Se pueden añadir uvas blancas junto a los bizcochos troceados. Con la crema de vino tinto combinan bien las uvas rojas. La fruta dará a este postre un sabor más fresco.

Postres y pasteles cremosos

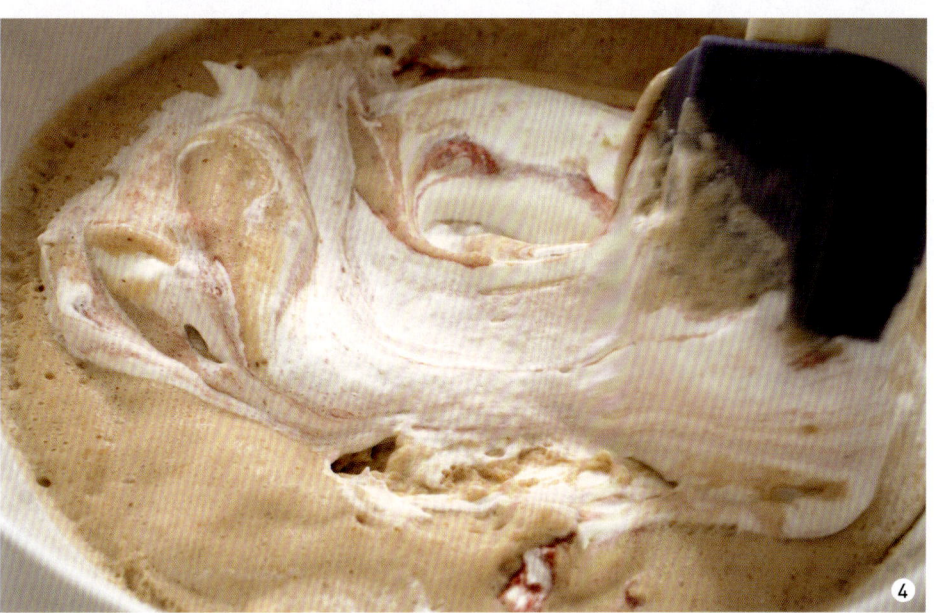

650 ml de leche de coco

 120 g de tapioca en polvo

 60 g de azúcar moreno de caña

 1 vaina de vainilla

 una pizca de sal

 100 ml de zumo (jugo) de naranja

 3 anises estrellados

 1 cucharada de azúcar

 10 g de maicena

 20 ml de licor de naranja

 2 naranjas

Pudin de tapioca y coco

1. Lleve a ebullición la leche de coco en una olla. Añada poco a poco la tapioca y remueva con unas varillas.

2. Agregue el azúcar moreno y deje que el pudin cueza a fuego lento 5 minutos. Raspe la vaina de vainilla e incorpore la pulpa y la sal.

3. El pudin estará listo tan pronto como presente una consistencia espesa y uniforme. Entonces páselo a vasos o tazones, cúbralo con film transparente y deje que se enfríe.

4. Cueza el zumo de naranja, los anises y el azúcar.

5. Mezcle la maicena con el licor de naranja y, a continuación, líguelo todo con el zumo de naranja.

6. Corte 2 naranjas en rodajas y agréguelas a esta crema. Retírela del fuego y deje que se enfríe.

Por último, repártala por encima de los pudines de tapioca y sírvalos.

*** 120

■ Si el pudin se pegara en el fondo de la cazuela, deje de remover y transfiéralo de inmediato a otro recipiente. El helado de té verde o la compota de papaya constituyen la guinda a este postre.

Postres y pasteles cremosos

8 bizcochos

 300 g de cerezas

 2 cucharadas de azúcar

 ½ cucharadita de canela

 20 ml de aguardiente de cereza

 1 paquete de masa para rollitos de primavera de 12 x 12 cm

 1 clara de huevo

 2 l de aceite vegetal, para freír

10 g de azúcar glas (glacé)

Rollitos de primavera con relleno de cerezas

1. Desmenuce con los dedos los bizcochos en un bol.

2. Lave las cerezas, pártalas por la mitad y extraiga el hueso. Agréguelas a los bizcochos troceados.

3. Añada a continuación el azúcar y la canela.

4. Eche el aguardiente y mézclelo bien.

5. Extienda las láminas de masa sobre la encimera. Coloque en el centro 2 cucharadas del relleno de cereza. Unte los lados con la clara.

6. Junte dos esquinas opuestas y dóblelas; unte los bordes con la clara.

7. Doble la tercera esquina hacia el centro y unte la parte inferior otra vez con la clara.

8. Doble la parte inferior sobre el relleno y presiónela ligeramente. Unte la parte superior con la clara y termine de enrollarlo.

9. Vierta el aceite en un cazo grande y caliéntelo a una temperatura de 160 °C. Fría los rollitos unos 5 minutos o hasta que se doren.

10. Extraiga los rollitos y póngalos a escurrir sobre papel de cocina.

Distribúyalos en platos sobre una servilleta y espolvoréelos con azúcar glas.

■ También puede rellenar los rollitos con otras frutas, como ciruelas, guindas, mangos, plátanos o uvas. En ese caso tendrán el aspecto de un pequeño strudel. También es posible realizar un relleno con requesón o crema de vainilla, que deberá acompañar asimismo de unos dados de bizcocho borrachos para que el relleno adquiera cuerpo.

 120 g de mantequilla (manteca)

 60 g de azúcar moreno (negro)

 3 huevos

 50 g de almendras picadas

 100 g de pan blanco duro rallado

 4 melocotones (duraznos)

 8 ramitas de lavanda

 1 vaina de vainilla

 4 cucharaditas de miel

 8 cucharaditas de licor de melocotón (durazno)

Melocotones gratinados a la lavanda

1. Bata a punto de espuma la mantequilla y el azúcar a temperatura ambiente. Separe las claras de las yemas, e incorpore poco a poco las yemas.

2. Tueste las almendras en una sartén hasta que se doren; después deje que se enfríen. Añádalas junto con el pan a la crema de mantequilla y huevo, y remuévalo todo.

3. Realice pequeños cortes en la piel de los melocotones y escáldelos en agua hirviendo de 10 a 20 segundos. Luego, extráigalos con una espumadera y sumérjalos en agua fría con cubitos de hielo; deje que se enfríen.

4. Pele los melocotones y pártalos. Extraiga el hueso y coloque los melocotones con la parte cortada hacia arriba en una fuente para gratinar en la que habrá puesto unas ramitas de lavanda.

5. Rellene los melocotones con la masa de almendras. Aderécelos con la miel y el licor de melocotón y gratínelos en el horno 20 minutos a una temperatura de 220 °C. Corte la vaina de vainilla por la mitad a lo largo y luego en trozos de 3 cm de longitud.

Disponga los melocotones en platos, decórelos con la vaina de vainilla y sírvalos con helado de vainilla o miel de lavanda.

■ **Manzanas al horno con relleno de pasas:** **40 g de mantequilla** batida a punto de crema, **60 g de almendras tostadas picadas**, **40 g de pasas** remojadas en **2 cucharadas de té**, **50 g de dados de pan blanco** sin corteza, **50 g de mazapán en dados**, **8 manzanas pequeñas rojas con el rabito**, 1 cucharada de mantequilla para untar el molde para el horno, **1 cucharada de azúcar**, **1 cucharada de miel**, **5 clavos (clavo de olor)**, **2 ramitas de canela**. La preparación y los tiempos de cocción son los mismos que para los melocotones gratinados.

Postres con frutas

500 g de fresas (frutillas)

 10 hojas de menta

 ½ cucharadita de pimienta verde en grano

 3 cucharadas de azúcar glas (glacé)

 600 ml de agua mineral

 1 l de aceite vegetal

 250 g de fideos transparentes

Fideos transparentes fritos con puré de fresas

1. Quíteles el rabito a las fresas con un cuchillo pequeño y lávelas brevemente. Después, córtelas por la mitad y dispóngalas en el vaso de la batidora con las hojitas de menta y la pimienta.

2. Endulce la mezcla con 2 cucharadas de azúcar glas.

3. Añada el agua mineral fría y bátalo todo bien. Luego, pase el puré a una fuente honda y deje que se enfríe en el frigorífico en torno a 1 hora. Si lo desea, puede añadir al puré de fresa 2 cl de licor de naranja.

4. Caliente el aceite en un cazo de unos 20 cm de diámetro a una temperatura de 160 °C. Corte los fideos en cuatro partes con unas tijeras y fríalos por turnos en el cazo. Llene el cazo de aceite solamente hasta la mitad, ya que los fideos quintuplican su volumen.

5. Fría los fideos apenas unos segundos. Una vez fritos, déjelos escurrir sobre papel de cocina y, mientras aún estén calientes, espolvoréelos con el resto del azúcar glas. Vierta el puré de fresas en platos hondos enfriados previamente y añada los fideos.

Sírvalo de inmediato para que los fideos no se empapen demasiado y dejen de estar crujientes.

■ En lugar de fresas, también se puede utilizar sandía, que combina bien con un poquito de vodka.

③

④

⑤

1 cucharada de zumo (jugo) de limón

 130 g de yogur (yoghurt) bajo en grasa batido

 130 g de crème fraîche

 90 g de azúcar glas (glacé)

 150 g de puré de fresas (frutillas)

 4 hojas de gelatina

 125 g de nata (crema)

 2 huevos

 30 g de azúcar

 3 fresas (frutillas)

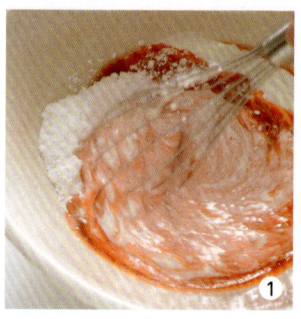

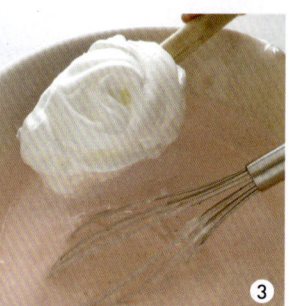

Mousse de yogur y fresas

1. Mezcle el zumo de limón con el yogur, la crème fraîche, el azúcar y dos tercios del puré de fresas. Remoje la gelatina unos 10 minutos en agua fría, escúrrala con las manos y deje que se funda en un cazo al fuego. Después, mézclela con la crema de yogur.

2. Monte la nata e incorpórela con las varillas.

3. Separe las claras de las yemas, bata las claras junto con el azúcar a punto de nieve y mézclelas despacio con la crema. Repártala en copas de postre y deje que se enfríe en el frigorífico 1 hora.

Antes de servir la mousse, vierta un poco de puré de fresas por encima y adórnelo con las fresas cortadas en rodajas.

Postres con frutas

250 g de plátano (banana)

2 limones

50 ml de licor de plátano (banana)

30 g de mantequilla (manteca)

2 ½ hojas de gelatina

125 g de nata (crema)

2 huevos

65 g de azúcar

2 cucharaditas de azúcar avainillado

4 cucharadas de crema de chocolate (véase pág. 12)

Mousse de plátano

1. Corte el plátano en pequeñas rodajas. Exprima los limones y aderece de inmediato el plátano con el zumo para que no adquiera un tono marrón. En un cazo hierva brevemente el plátano junto con el licor de plátano y la mantequilla, hágalo puré con la batidora y cuélelo. Remoje la gelatina 10 minutos en agua fría, escurra el agua sobrante, fúndala en un cazo pequeño e incorpórela al puré. Deje que se enfríe.

2. Bata la nata hasta casi montarla y con cuidado agréguela al puré cuando se haya enfriado.

3. Separe las claras de las yemas. Bata bien las yemas a punto de espuma y, a continuación, añada poco a poco el azúcar y el azúcar avainillado. Añada esta mezcla al puré anterior. Luego bata la clara a punto de nieve e incorpórela con cuidado al puré. Distribúyalo en vasos y déjelo enfriar al menos 2 horas.

Decore la mousse con rodajas de plátano sin pelar y vierta un poco de crema de chocolate por encima.

■ **250 g plátanos troceados equivalen a 3 piezas. Es imprescindible ajustarse al peso para que la mousse salga bien.**

160 ✱ ✱ ✱

250 g de mantequilla (manteca)

 450 g de azúcar

 50 g de azúcar avainillado

 4 huevos

 180 g de cacao en polvo

 250 g de harina

 1 cucharadita de levadura

 una pizca de sal

 150 g de almendras molidas

Brownies de chocolate

1. Derrita la mantequilla en una cazuela lentamente. Añada el azúcar y el azúcar avainillado y mézclelo todo. Retírelo del fuego e incorpore los huevos poco a poco.

2. A continuación, remueva despacio con unas varillas el cacao junto con la masa de mantequilla y azúcar; después, agregue la harina tamizada, la levadura, la sal y las almendras, y remuévalo todo hasta obtener una mezcla homogénea.

3. Luego, disponga la masa en un molde antiadherente y extiéndala bien. Métalo en el horno precalentado a 180 ºC unos 35 minutos. Extraiga el brownie del horno y deje que se enfríe. Sáquelo del molde y córtelo en dados de 4 x 4 cm.

Sírvalo caliente, si es posible, y acompáñelo con una bola de helado de vainilla y nata.

■ Si desea que el sabor a chocolate sea más intenso, añada algunos trocitos de chocolate amargo, remuévalo con cuidado con la masa y hornéelo.

100 g de azúcar moreno (negro)

250 g de mantequilla (manteca)

400 g de azúcar

30 g de azúcar avainillado

280 g de nueces

4 huevos

180 g de cacao en polvo

220 g de harina

1 cucharadita de levadura

una pizca de sal

Brownies de nueces y caramelo

1. Deje que el azúcar moreno se caramelice en un cazo grande a fuego medio hasta que adquiera un color dorado. Luego, agréguele 100 ml de agua fría para disolverlo. Funda la mantequilla en el mismo cazo y retírelo del fuego. Incorpore asimismo el azúcar y el azúcar avainillado. Pique 200 g de nueces y resérvelas.

2. Incorpore los huevos poco a poco seguidos del cacao. Tamice la harina junto con la levadura y la sal con un colador fino e incorpórelas a la masa. Reserve algunos de los trozos de nueces más grandes; añada el resto y revuelva bien para repartirlas uniformemente.

3. Pasa la masa a un molde antiadherente y extiéndala bien. Reparta por encima las nueces que había reservado. Meta el brownie en el horno precalentado a 180 °C unos 35 minutos. Sáquelo y deje que se enfríe. Retírelo del molde y córtelo en dados de 4 x 4 cm. Sirva los brownies calientes, si es posible, con una bola de helado de vainilla y crema de caramelo.

■ Los brownies combinan estupendamente con otros tipos de frutos secos, como macadamias, pacanas o coquitos de Brasil.

500 g de pastaflora (véase pág. 10)

 2 cucharadas de harina, para espolvorear

 100 g de su mermelada preferida (por ejemplo, de arándano, grosella o albaricoque [damasco])

 1 cucharada de azúcar glas (glacé)

Galletas de pastaflora con mermelada

1. Extienda la pastaflora sobre una superficie espolvoreada con harina hasta obtener una masa de unos 2 mm de grosor. Para ello, voltee a menudo la masa y no deje de espolvorearla con harina para que no se pegue a la encimera.

2. Corte la masa con su molde de galletas preferido.

3. Disponga las galletas sobre una bandeja forrada con papel parafinado. Métalas en el horno precalentado a una temperatura de 200 °C. Conviene vigilarlas mientras se hornean, ya que, como son muy finas, pueden quemarse rápidamente. El tiempo de cocción suele ser de 8 a 10 minutos.

4. Saque las galletas del horno sin despegarlas del papel y deje que se enfríen. Unte la mitad de ellas con mermelada.

5. Coloque encima la otra mitad de las galletas.

Espolvoréelas con azúcar glas y sírvalas en un plato.

■ Si no tuviera a mano un molde para galletas, puede usar un vaso grande.

Galletas y pastelitos

100 g de mantequilla (manteca) fría

 100 g de azúcar glas (glacé)

 80 g de azúcar

 ½ cucharadita de sal

 150 g de pacanas (nueces de pecán)

 175 g de harina (tipo 405)

 1 cucharadita de levadura

 1 huevo

 60 g de harina

Galletas de mantequilla y pacanas

1. Amase con los dedos la mantequilla con el azúcar glas, el azúcar y la sal brevemente para que la mantequilla no se caliente demasiado. Muela la mitad de las pacanas; desmenuce la otra mitad.

2. Espolvoree la harina y la levadura sobre la mantequilla y amase como si fuera a preparar pastaflora. Añada las nueces.

3. Incorpore el huevo y amáselo todo hasta obtener una masa uniforme. Trabaje con rapidez para que la masa no se ablande demasiado a causa de la mantequilla y se le quede pegada a las manos.

4. Envuelva la masa en film transparente y haga un rollo de 5 cm de grosor con ella. Deje que se enfríe 1 hora en el frigorífico. Después será mucho más fácil trabajar con ella.

5. Disponga una bandeja forrada con papel parafinado. Corte la masa en rodajas de 2 cm de grosor y colóquelas a cierta distancia unas de otras sobre la bandeja. Métalas en el horno precalentado a 180 °C unos 20 minutos o hasta que se doren. Sáquelas del horno y deje que se enfríen un poco. Es recomendable que las guarde en un recipiente con tapa.

Acompañe las galletas con leche fría, café recién hecho o chocolate caliente.

■ Para elaborar galletas de chocolate, parta 200 g de chocolate amargo o blanco y mézclelo en el momento de incorporar las nueces a la masa. Después, hornéelas tal y como se indica en la receta anterior.

Galletas y pastelitos

Índice

Almendra
  Brownies de chocolate 58
  Melocotones gratinados a la lavanda 52
Amaretto
  Parfait de vainilla 40
Arándano
  Pastel de merengue con frutas del bosque 32

Bizcochos
  Crema de vino fría 46
  Rollitos de primavera con relleno de cerezas 50
  Suflés de vainilla 34
  Tiramisú 24
Brownie
  Brownies de chocolate 58
  Brownies de nueces y caramelo 59

Café
  Mousse de chocolate negro 20
  Panacota con café 30
  Tiramisú 24
Cerezas
  Rollitos de primavera con relleno de cerezas 50
Chocolate
  Brownies de chocolate 58
  Brownies de nueces y caramelo 59
  Crema de chocolate 12
  Galleta de chocolate 8
  Mousse de chocolate blanco con sirope de arce 22
  Mousse de chocolate negro 20
  Suflés de nueces 36
  Tiramisú 24
Coñac
  Mousse de chocolate negro 20
  Tiramisú 24
Coco
  Pudin de tapioca y coco 48
Cremas
  Crema de albaricoque 13
  Crema de caramelo 12
  Crema de chocolate 12
  Crema de fresa 13
  Crema de kiwi 13
  Crema de vainilla 12
Crème fraîche
  Mousse de yogur y fresas 56
  Fideos transparentes fritos con puré de fresas 54
Frambuesa
  Paulova con frutas del bosque y nata de vainilla 18

Fresa
  Brazo de gitano con fresas 26
  Crema de fresas 13
  Fideos transparentes fritos con puré de fresas 54
  Mousse de yogur y fresas 56
  Paulova con frutas del bosque y nata de vainilla 18
Frutas del bosque
  Pequeñas tartaletas de fruta 28

Galletas de mantequilla y pacanas 62
Grand Marnier
  Suflés de vainilla 34
  Tiramisú 24
Grosella roja
  Pastel de merengue con frutas del bosque 32

Helado
  Parfait de vainilla 40
Hojaldre
  Pequeñas tartaletas de fruta 28

Leche
  Crema bávara 42
  Masa para crepes 16
  Mousse de chocolate blanco con sirope de arce 22
  Pastel de merengue con frutas del bosque 32
  Suflés de nueces 36
  Suflés de vainilla 34
  Tarta de queso 14
Limón
  Sabayón caliente 38

Masa de bizcocho 8
  Brazo de gitano de fresas 26
Masa para crepes 16
Mascarpone
  Tiramisú 24
Melocotones
  Melocotones gratinados a la lavanda 52
Mermelada
  Brazo de gitano de fresas 26
  Galletas de pastaflora con mermelada 60
Mousse de plátano 57

Naranja
  Pequeñas tartaletas de fruta 28
  Pudin de tapioca y coco 48
  Sabayón de Campari 38
Nata
  Crema bávara 42
  Crema de vino fría 46
  Mousse de chocolate negro 20
  Mousse de plátano 57
  Mousse de yogur y fresas 56
  Panacota con café 30
  Parfait de vainilla 40

Paulova con frutas del bosque y nata de vainilla 18
  Sabayón de Campari 38
  Sabayón de pistacho 38
  Tarta de queso 14
Nueces
  Brownies de nueces y caramelo 59
  Suflés de nueces 36

Pacanas
  Galletas de mantequilla y pacanas 62
Panacota con café 30
Parfait de vainilla 40
Pastaflora
  Galletas de pastaflora con mermelada 60
  Tarta de queso 14
  Paulova con frutas del bosque y nata de vainilla 18
  Pequeñas tartaletas de fruta 28
  Pudin de tapioca y coco 48

Requesón
  Tarta de queso 14
Rollitos de primavera con relleno de cerezas 50

Sabayón
  Sabayón caliente 38
  Sabayón de Campari 38
  Sabayón de pistacho 38
Sirope de arce
  Mousse de chocolate blanco con sirope de arce 22
Suflés
  Suflés de nueces 36
  Suflés de vainilla 34

Tarta de queso 14
Tiramisú 24

Vino
  Salsa de vino 44
  Crema de vino fría 46
  Pequeñas tartaletas de fruta 28
  Sabayón caliente 38
  Sabayón de pistacho 38

Yogur
  Mousse de yogur y fresas 56